PETITE

VIE DE SAINT EVRE

ÉVÊQUE DE TOUL

AVEC

L'OFFICE DU SAINT, LES LITANIES

et autres Invocations à l'usage des fidèles

Par F. JACQUOT

PROFESSEUR A L'ÉCOLE FÉNELON DE BAR-LE-DUC

Ouvrage dédié à Mgr TROUILLET

Curé de la paroisse Saint-Evre à Nancy
Prélat romain de la Maison de N. S. P. le Pape Léon XIII

BAR-LE-DUC

TYPOGRAPHIE DES CÉLESTINS — BERTRAND

1879

PETITE

VIE DE SAINT EVRE

ÉVÊQUE DE TOUL

PETITE

VIE DE SAINT EVRE

ÉVÊQUE DE TOUL

AVEC

L'OFFICE DU SAINT, LES LITANIES

et autres Invocations à l'usage des fidèles

Par F. JACQUOT

PROFESSEUR A L'ÉCOLE FÉNELON DE BAR-LE-DUC

Ouvrage dédié à Mgr TROUILLET

Curé de la paroisse Saint-Evre à Nancy
Prélat romain de la Maison de N. S. P. le Pape Léon XIII

BAR-LE-DUC

TYPOGRAPHIE DES CÉLESTINS — BERTRAND

1879

I

VIE DE SAINT EVRE

Saint Evre naquit à Trancault, petit village du canton de Marcilly-le-Hayer, dans l'arrondissement de Nogent-sur-Seine, au diocèse de Troyes, que saint Loup gouvernait avec une grande sagesse depuis l'année 427. Cet illustre évêque était originaire de Toul.

L'époque de la naissance de saint Evre n'est pas établie d'une manière bien précise. Mais l'on est sûr qu'elle arriva sous le glorieux pontificat de saint Léon le Grand, qui fut pape depuis l'an 440 jusqu'en 461. Ce qui est encore bien avéré, c'est que déjà saint Evre était au monde lorsque se fit la grande et redoutable invasion des Barbares, dont le farouche

Attila vint conduire en France des légions innombrables.

Le passage d'Attila dans le pays de Troyes eut lieu en 451. A ce moment, saint Evre pouvait avoir de sept à dix ans. Il put déjà comprendre, en le voyant de ses yeux, ce que c'était qu'une invasion de hordes étrangères ; et il eut à s'apitoyer, comme notre génération l'a pu faire en 1870, devant les maux effrayants que la guerre entraîne pour les sociétés.

Les parents de saint Evre étaient de grands personnages, d'origine romaine, et d'une fortune considérable. Ils étaient chrétiens et très-pieux, à une époque où le paganisme comptait encore en France bien des adeptes. Très-distingués par leur position dans le monde, ils étaient peut-être encore plus pieux qu'ils n'étaient nobles et opulents. Il n'est donc pas étonnant que leurs deux enfants soient devenus des saints, d'après les bons exemples qui les entouraient dans la famille. Le fils, probablement l'aîné, porta le nom d'*Evre* ou d'*Aper*, déjà héréditaire dans la ligne des ancêtres. La fille avait reçu celui d'*Aprône* ou d'*Aprona*, destiné à briller un jour, comme celui de son frère, par l'éclat des vertus et des miracles.

Dès sa plus tendre jeunesse, saint Evre fit déjà présager ce qu'il serait dans la suite; et c'est un trait particulier de ressemblance qu'on lui trouve avec saint Nicolas de Myre, qui fut thaumaturge comme lui, et comme lui aussi grandement recherché par la dévotion populaire dans les pays lorrains. Dès l'enfance même, saint Evre apparaissait comme un disciple fervent de Jésus-Christ, comme un religieux observateur de sa loi sainte. Il ne s'adonnait pas aux jeux naturels du premier âge; mais il restait sérieux, recueilli, déjà grave comme un philosophe. L'attrait de la vertu devançait en lui les années. Il prenait plaisir à visiter les églises et les monastères ; car à cette époque, toute pareille à la nôtre, on bâtissait beaucoup d'églises neuves, et on construisait à droite et à gauche une quantité de monastères qui se peuplaient tous de trèsferventes et très-nombreuses communautés de moines. Soit par curiosité, soit par dévotion, ce fut la mode de rendre visite à ces différents sanctuaires, dont chacun avait son mérite spécial et son attrait particulier. Mais, pour saint Evre, tous ces voyages n'avaient qu'un but pieux. Il visitait les moines ou les clercs ordinaires uniquement pour s'édifier ou pour s'instruire. Il aimait à converser avec les personnes quc recommandait une haute et solide piété. Il faisait principalement ses délices de la pratique régulière de la charité ou des œuvres de miséricorde. En ceci, la vie de saint Evre était déjà toute pareille à celle que l'on vit plus tard dans saint Jean l'Aumônier et plus tard encore dans le bon saint Vincent de Paul. Que de fois, par exemple, à son retour des écoles ou de l'église, ne le vit-on pas se dépouiller des vêtements qu'il portait, pour couvrir quelque indigent en haillons, comme il s'en rencontra bien fréquemment sur son chemin !

Quand il n'avait rien à donner ou qu'il

avait fini par épuiser sa bourse, il compatissait par de bonnes paroles à la misère du pauvre ; et il s'acquittait si tendrement de ce devoir de la charité, que le pauvre faisait souvent plus de cas de la douceur de ses consolations verbales que d'une aumône matérielle, même la plus abondante.

Dès que saint Evre fut maître des biens qui lui revenaient en héritage après la mort de ses parents, il en fit deux parts, dont il ne garda pour son usage personnel que la plus minime. Quant à la plus large, il se fit un devoir de la consacrer au soulagement des malheureux ; car la charité fut sa passion continuelle, comme elle est devenue le trait caractéristique du généreux cœur de saint Vincent de Paul. L'histoire nous dit, en effet, que saint Evre était la Providence des pauvres et le père de tous les malheureux. C'est au point qu'on aurait pu lui appliquer, ou que même on lui appliqua véritablement ces paroles du saint homme Job : « La compassion s'accrut dans mon âme avec les années ; elle est sortie avec moi du sein de ma mère ; elle m'a suivi dans toutes les phases de l'existence ». Telle était déjà la magnanimité de saint Nicolas, le grand évêque de Myre. Plus tard ce même esprit de compassion pour l'indigent se remarqua dans saint Bonaventure et dans le B. Pierre Fourier, qui s'étaient fait l'un et l'autre une devise où se reflète la noble hauteur de leur grand caractère. On connaît la belle devise de saint Bonaventure, ainsi conçue : *Neminem spernas, afflicto et egeno condolens* ; c'est-à-dire : *Ne méprisons personne, mais chérissons l'affligé et consolons le pauvre.* On connaît pareillement la devise du B. Pierre Fourier, empruntée aux moralistes stoïciens et académiciens ; elle portait ces mots admirables : *Omnibus prodesse, obesse nemini* ; c'est-à-dire : *Toujours faire le bien, jamais faire le mal.* Tous ces grands sentiments étaient ceux de saint Evre, qui les avait puisés à la source chrétienne, dans sa famille, dans l'influence directe de saint Loup, dans l'enseignement et la pratique de tous les saints illustres, qu'il tenait fort à se proposer pour modèles. Saint Evre ne cultiva pas seulement la vertu, mais il s'appliqua encore à la science. Il avait beaucoup profité, sous ce rapport, des leçons de saint Loup, son évêque, qui en ce temps-là était un modèle renommé pour ses déclamations, c'est-à-dire pour ses beaux discours. Il avait aussi fait des études sérieuses dans la célèbre *école de Troyes,* que saint Pulchrone dirigeait avec talent sous les ordres de saint Loup son oncle, et où l'on avait appliqué tout le système suivi auparavant dans l'*école de Toul,* très-renommée elle-même par la force intellectuelle des élèves et par le merveilleux éclat des professeurs, dont le titre officiel était généralement celui de *père* ou d'*abbé.* Il est dit expressément que saint Evre s'appliqua aux études, et qu'il profita beaucoup dans la science des belles-lettres. Il y fit des progrès rapides. Il surpassa même bientôt tous ses émules, dont plusieurs manifestaient de grands talents et se faisaient, dès l'école même, une haute réputation de savoir ou d'éloquence. Quant à saint Evre, il devint pour sa part une célébrité de l'époque. On le comptait parmi les hommes les plus distingués, et spécialement parmi les orateurs qui avaient le droit de s'appeler des maîtres de la parole. Son élocution brillante ressemblait fort à celle de saint Loup, comme aussi à celle de saint Remy, l'un des oracles vénérés de cette époque. Si l'on en croit une tradition qui a laissé quelques vestiges, saint Evre aurait pendant quelque temps rempli les fonctions de professeur. Ce dut être au sortir de ses études et dans l'école même dont il avait d'abord été disciple, à Troyes sans doute ; mais on prétend que ce fut à Mâcon, où l'on sait que la famille de saint Loup avait de grandes propriétés, lesquelles furent vendues en 426 et rachetées peut-être par la famille de saint Evre, au moment où saint Loup devint évêque de Troyes en remplacement de saint Ours. Rien ne serait étonnant dans ce fait que saint Evre se fût consacré à l'enseignement, et qu'il fût devenu l'un des maîtres d'une grande école ; mais c'est un point qui qui n'est pas mis précisément en évidence, parce qu'il ne s'appuie que sur des traditions dont la valeur peut être contestée.

Ce qui n'est pas douteux, c'est que saint Evre prit rang parmi les maîtres du barreau. Il eut un nom très-retentissant parmi les plus fameux avocats : et l'on put voir revivre en lui cette éloquence des *Aper* , qui balançait à Rome autrefois l'éloquence incomparable des Cicéron ou des Hortensius. Mais saint Evre ne cultiva et n'exerça la parole ni par vanité, ni par amour du lucre. Son éloquence n'avait qu'un but de charité. Son inclination à faire le bien, à exercer le dévouement, fut en lui invariable et toujours persistante. Constamment fidèle à cet instinct charitable qui fut l'âme de sa vie, jamais il n'employa ses talents qu'à la défense des pauvres, ou des veuves et des orphelins. Mais l'on peut croire que tous ces malheureux ne manquaient point, à une époque si rapprochée du passage désastreux d'Attila et des hordes envahissantes de l'étranger.

Cependant, l'exercice des fonctions du barreau ou de la judicature ne donna point à saint Evre le repos d'esprit, ni le contentement intérieur auquel il aspirait. C'est pourquoi le généreux avocat des pauvres changea bientôt de carrière. Il n'aspira plus qu'à se retirer du monde, désireux qu'il était de se livrer tout entier à la méditation des vérités éternelles. L'exemple des moines savants qui vivaient à Lérins, celui des moines de Saint-Victor à Marseille, celui des religieux qui habitaient les fameux monastères du Jura, celui des saints évêques et des autres saints personnages dont les vertus émerveillaient la France et la Gaule, tout cela l'occupait, le travaillait, lui roulait dans la tête. Il se sentit donc dévoré lui-même de la soif de sa propre sanctification. Dès ce moment, il se mit à fréquenter les personnes les plus avancées en perfection, et il tâcha d'étudier avec soin leurs vertus principales. Puis, comme une abeille industrieuse qui du suc des fleurs différentes compose un miel exquis et délicieux, il s'essayait à reproduire dans sa conduite habituelle la pureté de l'un, la mortification de l'autre, les saintes dispositions de tous.

Cependant, sa réputation de haute intelligence et de grande sainteté s'était déjà répandue au loin. Or, le siège épiscopal de Toul étant venu à vaquer par suite de la mort de saint Ours, saint Evre fut élu pour occuper ce siège illustre et considéré comme l'un des plus importants de la Gaule, appelée France dès cette époque. Mais l'humilité de saint Evre était grande, aussi bien que ses autres vertus. Il aurait donc voulu décliner ce poste d'honneur, qu'il considérait comme une place beaucoup trop éminente pour pouvoir l'occuper dignement. Malgré ses scrupules, malgré même ses formelles résistances, on le contraignit d'accepter la vocation qui s'offrait à lui dans des conditions toutes pareilles à celles qui avaient dicté le choix des populations pour un saint Ambroise ou pour un saint Germain. Il obéit donc finalement à des instances qui témoignaient assez quelle était réellement la volonté de Dieu. Il remplit ainsi le siège de Toul, que déjà saint Mansuy, saint Amon, saint Eucaire, saint Elie, saint Celsin, saint Auspice et saint Ours avaient sept fois honoré de leur éclatante vertu couronnée par le don des miracles , et qu'ensuite saint Albaud, saint Leudin Bodon, saint Jacob, saint Gauzelin , saint Gérard et saint Léon IX le glorieux Pape devaient illustrer, chacun à son tour. Malheureusement, l'épiscopat de saint Evre ne fut pas long ; car il ne dura pas au delà de sept années. Il commença l'an 500, au milieu du règne belliqueux et mémorable de Clovis, pour finir déjà l'an 507, à l'époque où se constituait le royaume d'Austrasie, qui marque dans l'histoire du monde l'une des périodes à la fois les plus saintes et les plus notables.

Pendant tout l'épiscopat de saint Evre, les choses se passèrent à la très-grande satisfaction du peuple et du clergé. Dans les honneurs du commandement spirituel ou de la supériorité hiérarchique, le cœur de saint Evre ne changea nullement; mais il resta toujours exactement le même, c'est-à-dire, tout rempli de charité, de douceur, d'onction évangélique, de paternelle ou angélique simplicité. Le saint Pontife conserva toujours le plus grand éloignement de l'étiquette, ou de ce faste que l'on a cru quelquefois nécessaire pour en imposer davantage à la multitude, au sein de laquelle peuvent régner des idées mesquines ou des impressions qui sentent leur bas étage. Pour lui, jamais il n'affecta l'air solennel; et jamais on ne le vit se plier à la représentation. Il conserva donc toujours la même humilité de vie, la même pauvreté ou vulgarité de vêtements, le même amour de la mortification. C'était toujours la même affabilité pour ceux qui l'approchaient, la même douceur familière dans les conversations, le même accueil charitable et paternel réservé à tout le monde. Comme l'apôtre saint Paul, en effet, il se faisait tout à tous, en vue de les gagner tous à Jésus-Christ. Le malheur qui venait à frapper l'un quelconque de ses diocésains l'attristait personnellement; et il souffrait lui-même beaucoup plus du malheur d'autrui, que s'il en avait été directement la victime. C'est là le propre des bons cœurs. Mais on voyait que saint Evre était un homme de Dieu ; et sa sainteté se manifestait clairement pour tous les yeux, même pour les plus aveugles. Cet évêque si charitable et si compatissant ne se bornait pas à souffrir avec les malheureux, à pleurer avec les affligés, à se faire humble et généreux avec les pauvres ; mais il partageait également les joies des uns ou des autres, et il applaudissait de grand cœur à chaque prospérité qui venait réjouir l'un ou l'autre de ses diocésains. C'est en cela qu'il était tout à tous, ne se regardant plus comme en droit de songer à lui-même, mais s'occupant uniquement et continuellement du troupeau spirituel dont il avait la garde, ou des intérêts de Dieu qui l'avait choisi pour son fidèle Apôtre. Jamais saint Evre ne manqua une seule occasion d'annoncer la parole sainte au peuple qui lui était confié. Dans ses discours, le nom de *Jésus* revenait très-souvent sur ses lèvres, qui en exprimaient bien toute la douceur et toutes les gracieuses consolations. Cette habitude qu'il avait prise décelait assez sa piété profonde ; sous ce rapport, saint Evre avait déjà devancé le séraphique saint François d'Assise, ou le dévot saint Bonaventure, ou le très-pieux saint Alphonse de Liguori, ou toutes ces âmes contemplatives et affectives dont il a existé dans l'histoire de l'Eglise de si nombreux modèles. En un mot, saint Evre était un édifiant miroir de vertu ; et l'on a dit aussi qu'il était ce prudent et fidèle économe de l'Evangile, qui distribue en tout temps la nourriture spirituelle à ses frères.

La piété de saint Evre ne l'empêcha pas d'être un homme très-actif. Il brûlait d'un grand zèle d'apôtre, et il avait soif d'évangéliser partout les populations. C'est ce qui fit qu'il parcourait fréquemment les villes et les campagnes. Il cherchait à abattre tous les temples d'idoles, qui étaient encore fréquents chez les Toulois de cette époque ; et dans les sept années de son pontificat, il eut la chance heureuse de ruiner une quantité prodigieuse de ces chapelles profanes. En retour de ces démolitions pieuses, il fit édifier un grand nombre de chapelles aux Saints. A cette époque même commença l'usage de baptiser les fontaines, les bois et les montagnes du nom de Saint-Pierre, Saint-Paul, Saint-Jean, Sainte-Marie, Saint-Martin, Saint-Hilaire, ou autres appellations, plus ou moins approchantes. Les églises mêmes obtinrent le droit d'asile, ainsi que les monastères, et plus tard les croix de carrefours ; mais ce privilège de l'asile des croix rurales semble n'avoir pas pris naissance avant le règne si édifiant de l'illustre saint Sigisbert. Ce qu'il y a de certain, c'est que l'épiscopat de saint Evre donna le coup de grâce au paganisme, qui jusqu'alors avait conservé plus ou moins de crédit sur les coutumes de nos aïeux. Il y avait une grande force et une grande persuasion dans les discours de saint Evre, qui était un docteur habile, et qui savait admirablement payer de sa personne. On ne pouvait donc résister à l'influence extraordinaire de ce nouvel Apôtre ; et il ouvrait les yeux des païens à la lumière de la foi catholique, qui jusqu'à ce moment ne leur était pas bien apparue. Voilà pourquoi nous devons regarder saint Evre comme un nouveau saint Mansuy, ou le second apôtre du pays toulois.

Le diocèse de Toul était anciennement l'un des plus vastes diocèses de France. Il s'étendait sur les anciens pays qu'on appelait la Vosge, le Chaumontois, le Saintois, le Toulois, le Barrois et le Bassigny. Il avait *trente-cinq lieues* de long de l'est à l'ouest, en allant du revers occidental du Donon, l'un des points culminants de la chaîne des Vosges, jusqu'au village de Maconcourt près de la Marne ; et il avait en même temps *vingt-cinq lieues* de large, en prenant de Pagny-sur-Moselle jusqu'à Bussang, village célèbre par ses eaux d'une vertu bienfaisante. Le diocèse de Toul, d'après les dimensions qu'il avait du temps de saint Evre, comprenait ainsi toute la vallée de la Meurthe, celle de la Moselle depuis sa source même, jusqu'à Pagny entre Metz et Pont-à-Mousson, celle de la Meuse en prenant de Bourmont jusqu'à Commercy inclusivement, celle de la Saulx et de l'Ornain jusqu'au-dessous de Bar-le-Duc. Au Sud, il était séparé des diocèses de Besançon et de Langres par une ligne qui allait de Bussang sur la Moselle à Bourmont sur la Meuse, en passant par les sources du Madon, en coupant la Saône au-dessous de Monthureux et la Meuse à deux lieues de sa source. A l'Ouest, il touchait aux diocèses de Langres et de Châlons, par une ligne parallèle à la Meuse et à la Marne, qui traversait ensuite la Saulx près de Sermaize, et l'Ornain, affluent de la Marne, à quelques lieues en aval de Bar-le-Duc. De l'Ornain à Pagny-sur-Moselle, la frontière entre Toul au Sud, Verdun et Metz au Nord, faisait d'abord un coude vers le Nord, puis se dirigeait sur l'Aire, affluent de l'Aisne, et ensuite sur la Meuse, qu'elle franchissait à Pont-sur-Meuse, entre Commercy et Saint-Mihiel, enfin sur le Rupt-de-Madt, affluent de la Moselle, qu'elle suivait depuis sa source jusqu'à son embouchure, en laissant au diocèse de Metz sa rive gauche avec Thiaucourt et Arnaville, et à celui de Toul sa rive droite avec le plateau de la Haye, l'ancienne forteresse de Preny et le village de Pagny. De Pagny au Donon, les deux diocèses de Toul et de Metz se touchaient, sur une ligne d'au moins *vingt lieues*, qui courait du Nord-Ouest au Sud-Est. La Moselle formait d'abord la limite depuis Pagny jusqu'à son confluent avec la Meurthe, la rive gauche appartenant à Toul, la rive droite à Metz ; de sorte que Pont-à-Mousson, qui s'étend sur les deux rives, était partagé entre les deux évêchés. Du confluent de la Meurthe jusqu'au Sud-Est du Donon, la frontière se dirigeait d'abord à l'Est vers la Seille, dont la vallée tout entière appartenait à Metz, puis au Sud vers la Vezouze, en coupant le Sanon, affluent de la Meurthe, entre Beauzemont et Hénaménil. Montenoy, Bouxières-aux-Chênes, Mazerulles, Champenoux, Erbéviller, Réméréville, Serres, Valhey, Beauzemont, Croismare étaient, de ce côté, les derniers villages toulois. Moyenvic, au Nord d'Arracourt, avait été détaché de Metz et uni à Toul par une convention particulière. La frontière suivait la Vezouze jusqu'aux environs de Blâmont, Cirey, Val-de-Bon-Moutier, Petitmont, Raon-sur-Plaine et Framont. Enfin, de la Brocque à Bussang, les cimes des Vosges séparaient le diocèse de Toul de ceux de Strasbourg et de Bâle ; et la limite coïncidait à peu près avec la ligne de partage des eaux de la Moselle et du Rhin. Tel était le vaste territoire qui fut soumis à l'autorité spirituelle des évêques de Toul pendant quatorze siècles, depuis le temps de l'empereur Constantin le Grand jusqu'à la Révolution française, c'est-à-dire jusqu'à ce qu'il fut démembré pour la création des deux nouveaux diocèses lorrains, ceux de Nancy et de Saint-Dié (1). Tel fut aussi le théâtre immense sur lequel s'exerça jadis le zèle de saint Evre, lorsqu'il était évêque de Toul.

Une chose qui frappait beaucoup dans saint Evre, c'était sa grande austérité. Sous ce rapport, il avait pris pour guide les exemples que donnaient habituellement les rigides évêques des premiers siècles, qui étaient des ascètes ou des pénitents de premier ordre. L'histoire ecclésiastique nous apprend jusqu'à quel point d'austérité inouïe tous ces grands évêques avaient osé pousser la mortification. Dans le IVe siècle, saint Epiphane, évêque métropolitain de l'île de Chypre,

(1) Voir l'*Ancien Régime dans la province de Lorraine et Barrois*, par l'abbé Mathieu, docteur ès lettres, professeur d'histoire au séminaire de Pont-à-Mousson, pages 100-102 ; Nancy, 1879. On sait que le second prix Gobert de 1.500 francs a été décerné à cet ouvrage magistral par le suffrage très-honorable de l'Académie française.

ne soupait point ; et il ne vivait que d'herbes chétives ou de légumes les plus communs. Dans le même siècle, saint Basile, évêque de Césarée, ne mangeait que du pain avec du sel ; et il ne buvait que de l'eau. Un de ses amis, saint Grégoire de Nazianze, vivait à peu près de même, quoiqu'il fût d'une santé chétive. Vers la fin du même siècle, saint Augustin, évêque d'Hippone, ne vivait absolument que de légumes ; et s'il lui arrivait de faire servir de la viande à sa table, hors le Carême, ce n'était que pour les étrangers, jamais pour son usage propre. Dans le ve s ècle, saint Loup, évêque de Troyes, ne vivait que de pain d'orge, et jeûnait tous les jours. A la même époque, saint Germain, évêque d'Auxerre, jamais ne mangeait de pain de froment, jamais n'usait d'huile, ni de vinaigre, ni de sel, et faisait maigrement le plus triste repas. Souvent même, il était trois jours de suite sans manger. Il couchait sur une planche, sur de la cendre couverte d'un cilice, qui lui servait de paillasse. Les austérités de saint Hilaire d'Arles, de saint Martin de Tours, et de tant d'autres saints évêques n'ont pas été moindres. Toutes ces rigueurs effrayantes pour la mollesse de la nature humaine ont été courageusement pratiquées par ces grands personnages, qui avaient connu et goûté autrefois les délices du monde. Ils ont eu la force de se mortifier à ce point. C'est aussi ce que faisait saint Evre ; et l'exemple de sa rude pénitence a de quoi nous confondre, nous qui sommes si mous dans ce XIXe siècle.

Dieu voulut récompenser tant de vertu par le don des miracles. Ceux de saint Evre furent assez nombreux pour lui faire la réputation d'un de nos plus grands thaumaturges. Nous n'avons pas à les relater tous dans cette vie abrégée du Saint. Qu'il nous suffise d'en citer deux seulement.

Dans l'une de ses courses apostoliques, saint Evre apprend que trois criminels vont subir le dernier supplice. Son cœur s'émeut de compassion, et il demande leur grâce ; mais il ne peut rien obtenir du juge, qui reste absolument inexorable.

Que fait saint Evre ? Il recourt à Dieu, et l'appelle à son aide au moyen d'une prière fervente. Aussitôt, les fers tombent miraculeusement des mains des condamnés. Les portes de la prison s'ouvrent d'elles-mêmes, et laissent passer les captifs. Ceux-ci, pleins de reconnaissance, viennent déposer leurs chaînes aux pieds du Saint, qu'ils trouvent prosterné encore devant les autels. Quant au juge qui se nommait Adrien, et qui s'était montré rebelle et inflexible aux supplications de saint Evre, il fut aussitôt possédé du démon, et il mourut dans les plus affreuses tortures. Les trois prisonniers que délivra saint Evre avaient été mis dans les prisons de Châlon-sur-Saône ; et c'est dans cette ville même que le thaumaturge procura leur délivrance. On voyait encore leurs chaînes à Toul, au XIe siècle, dans l'abbaye du Saint ; et on les plaçait alors sur le cou des possédés pour procurer leur délivrance et leur guérison.

Le même jour qu'avait eu lieu le miracle de Châlon-sur-Saône, il en arriva un second. Le Saint revenait alors à Toul, sa ville épiscopale. Or, il rencontra sur son chemin un jeune homme, qui se trouvait possédé et tourmenté par le mauvais esprit. De sa bouche s'échappaient des tourbillons de flammes, des torrents de soufre, des feux effrayants, et des œuvres d'enfer. Chacun prenait la fuite à l'approche de ce pauvre jeune homme; car il inspirait à tout le monde une peur irrésistible. A la vue de l'évêque, le malheureux fut saisi d'un accès de rage, et il se précipita vivement à sa rencontre. Mais l'homme de Dieu ne perd aucunement son sang-froid. Il s'arme résolument du signe de la croix, lève ensuite la main, et ordonne immédiatement au jeune homme de s'arrêter. Celui-ci, loin d'obéir, n'en devient que plus furieux. Il souffle au visage de l'évêque une flamme empestée, et cherche même à lui déchirer les membres avec ses dents. Le Saint n'est pas ébranlé plus que la première fois; mais il étend la main, et fait de nouveau le signe de la croix. Immédiatement, le démon prend la fuite ; et le jeune homme est délivré. Le lieu de cette rencontre n'est pas indiqué d'une manière précise. Elle dut se faire dans le trajet de Châlon à Dijon, à peu de distance de Cîteaux.

C'est une tradition immémoriale et constante de l'Eglise de Toul, que sainte Aprône vint habiter auprès de son frère, et qu'elle rivalisa elle-même d'édification avec saint Evre dans la pratique des plus sublimes vertus. Elle avait embrassé l'état de virginité. Mais nous n'avons pas sur elle beaucoup de détails. Après avoir vécu sept ans à Toul, jusqu'à la mort de son frère, elle se retira à Troyes en Champagne, dans la maison paternelle ; et c'est là qu'elle mourut en odeur de sainteté, le 15 juillet. Elle est fréquemment invoquée par les jeunes mères dans les moments pénibles ; et en 1879 même, un miracle de ce genre a eu lieu à Nancy par son intercession. Quelquefois aussi, la puissance de sainte Aprône a rendu la vue aux aveugles ; et la preuve en est encore aujourd'hui visible à Saint-Nicolas-de-

Port, où l'une des peintures anciennes retrouvées dans la basilique représente sainte Aprône obtenant la guérison d'une dame aveugle, en l'année 1521.

Saint Evre fit construire une grande et somptueuse basilique sous les murs de la ville de Toul. Cet édifice devait ressembler très-probablement à l'église qui fut construite alors à Strasbourg par ordre de Clovis, et dont nous avons le plan encore assez bien détaillé (1). Mais saint Evre ne put l'achever. Comme il était déjà bien avancé en âge lors de sa promotion à l'épiscopat, il mourut pendant les travaux ; et la basilique commencée par lui, en l'honneur de saint Maurice, ne fut achevée que par saint Albaud, son premier successeur. Au lieu d'être l'église *Saint-Maurice*, ce fut l'église *Saint-Evre*.

La mort de saint Evre avait eu lieu le 15 septembre 507. Comme il était vieux alors, c'est-à-dire pour le moins sexagé-

(1) Voir l'*Histoire du royaume d'Austrasie* par Aug. Digot, tome I, page 214 ; Nancy, 1863.

naire ou peut-être déjà septuagénaire, il a dû naître dans la limite des années 437 ou 447, c'est-à-dire vers l'an 440.

Les funérailles de saint Evre devinrent l'occasion d'un prodige bien extraordinaire. Comme on le portait en terre, il s'échappa de son corps une odeur délicieuse, qui embauma tous les assistants. Ainsi méritait vraiment d'être honoré après sa mort celui qui, pendant sa vie, s'était constamment appliqué à répandre partout la bonne odeur de Jésus-Christ.

Un autre prodige accompagna ses obsèques, et leur donna un caractère tout à fait sans exemple. Voici quel fut ce prodige, étonnant par-dessus tous les autres. Le ciel s'ouvrit tout à coup. Deux nuées lumineuses s'abaissèrent jusqu'à terre, où elles descendirent à la vue de tout le monde. Dans ce même moment il apparut une colombe plus blanche que la neige. Elle sortit visiblement de la bouche du saint pontife, qui reposait endormi sur son brancard funèbre ; et immédiatement elle prit son essor tout droit vers les cieux. Emblème évident de la simplicité immaculée, de la belle innocence qui avait caractérisé sa vie, toute sainte et toute virginale.

II

CULTE & RELIQUES DE S[T] EVRE

Dieu voulut honorer le tombeau de son grand serviteur par un bon nombre de prodiges ou de miracles. Le moine Adson en a beaucoup recueilli dans son *Histoire des Evêques de Toul,* qui est reproduite par Dom Calmet dans les preuves de son *Histoire de Lorraine.* Ce tombeau de saint Evre se trouvait dans l'église qu'avait fait élever le saint prélat lui-même, non loin des murs de Toul, mais que la mort ne lui laissa pas achever, et que fit terminer son successeur saint Albaud. La confiance des peuples dans les mérites de saint Evre amenait d'innombrables pèlerins au lieu de sa sépulture. Bientôt, plusieurs églises paroissiales de récente fondation furent placées sous son patronage ; il y en eut beaucoup de cette catégorie dans le diocèse de Toul, et même assez loin hors du diocèse, puisqu'il s'en trouve dans les diocèses de Laon, de Périgueux, etc. La renommée de saint Evre, qu'on appelle aussi saint *Apre* ou saint *Aper*, fut donc à peu près générale dans toute la France. Sa popularité commença immédiatement après sa mort, et elle grandit toujours d'une année à l'autre avec la multiplicité inépuisable de ses miracles. Ce qui prouve déjà que sa popularité s'accrut et se fit rapidement, c'est le nom qui fut immédiatement donné à la basilique de Toul que lui-même avait consacrée et dédiée à saint Maurice, mais que son successeur immédiat dédia de préférence à saint Evre lui-même, dès que ce monument fut terminé. Les restes mortels du saint évêque avaient été pieusement déposés dans cette même église. Il se forma une agglomération de maisons tout autour ; et telle a été l'origine du quartier de Toul qui a conservé jusqu'aujourd'hui la dénomination de faubourg Saint-Evre, par opposition avec le faubourg Saint-Mansuy. L'évêque saint Albaud fit construire lui-même un monastère tout auprès de la maison de Dieu ou *Basilique Saint-Evre*; et ce fut aussi l'origine de la célèbre *Abbaye Saint-Evre*, où se trouva établi le siège des *écoles épiscopales* de Toul, les plus renommées de toute la chrétienté. Le temps a détruit, en grande partie, cette abbaye célèbre. Il ne reste plus rien de cette magnifique habitation, qu'un certain nombre de bâtiments vendus aujourd'hui à des particuliers. La belle église conventuelle a disparu totalement ; et l'emplacement qu'elle occupait jadis est devenu un jardin.

Si l'on compulsait les différentes *Vies des Saints* avec une certaine attention, on trouverait que la dévotion à saint Evre a été grande chez beaucoup d'autres saints, comme il est marqué de sainte Salaberge, de sainte Odile, de saint Walbert et de saint Leudin Bodon, tous vivant dans le VIIe siècle. En effet, par le conseil de saint Walbert, abbé de Luxeuil, sainte Salaberge désira établir à Laon un nouveau monastère. Salaberge employa une partie de son patrimoine à le construire, et le fit très-vaste ; car elle jouissait d'une opulence qui lui permettait les prodigalités, si l'on peut ainsi appeler la construction des églises ou des monastères. Dans le colossal bâtiment que fit ainsi élever la pieuse Salaberge, on comptait jusqu'à sept églises, différentes l'une de l'autre. La première, qui était aussi la principale, était sous l'invocation de la *sainte Vierge* ; elle s'appelait l'église *Sainte-Marie*. La seconde était dédiée à *saint Michel* et à tous les Anges. La troisième était en l'honneur de *saint Jean-Baptiste* et de tous les patriarches et Prophètes. La quatrième était dédiée à *saint Pierre* et à tous les Apôtres. La cinquième était bâtie en l'honneur de la *sainte Croix*. La sixième avait pour patron *saint Evre, évêque de Toul*. Enfin, la septième était sous l'invocation de *sainte Marie-Madeleine*. Une de ces trois dernières, construite à l'entrée de la maison, était probablement destinée à des Religieux

Colombanistes, qui, sous la conduite du prêtre Itale, vivaient séparément des religieuses. On conjecture, avec assez de vraisemblance, que c'était *l'église Saint-Evre* qui se trouvait affectée à cette destination. La prédilection des Colombanistes a été très-grande pour saint Evre, à cause de sa piété, de ses rigueurs dans la pénitence, et de ses étonnants miracles. On croirait même que, sous plus d'un rapport, saint Evre a servi de modèle à saint Colomban, notamment pour la vie pénitente et la ferveur d'apôtre. Dans ce monastère immense de sainte Salaberge, trois cents Religieuses vivaient d'une vie tout à fait angélique. Distribuées en plusieurs groupes, elles se succédaient jour et nuit les unes aux autres et chantaient ainsi sans interruption les louanges de Dieu. C'est ce qu'on appelait *Laus perennis*, ou la psalmodie perpétuelle. Cette institution plaisait à la piété franche et ardente du VIIe siècle. Sainte Odile et son mari saint Leudin Bodon furent très-touchés de ce grand exemple. Ils renoncèrent donc au monde d'un commun accord, puis ils distribuèrent tous leurs biens aux pauvres et aux maisons religieuses. Ils vinrent ensuite se mettre, à Laon, sous la direction de sainte Salaberge. Bodon n'y resta néanmoins qu'assez peu de temps ; car il fut choisi, bientôt après, pour être évêque de Toul, ce qui arriva l'an 667.

Cependant les miracles de saint Evre se multipliaient toujours. Il y en eut beaucoup de constatés dans la célèbre abbaye Saint-Evre de Toul, où se conservait précieusement le tombeau du Saint. Il sera bon, non pas de les signaler tous, mais d'indiquer les principaux.

Une femme du faubourg, nommée Herchelinde, était aveugle depuis plusieurs années. Elle recouvra miraculeusement la vue au tombeau de saint Evre.

Un enfant de Pagny-sur-Meuse avait perdu la vue par un accident. Il vint prier au tombeau de saint Evre, et il recouvra parfaitement la vue.

Un clerc du Saintois se trouva, pendant l'épiscopat de saint Gauzelin, sous l'influence d'une obsession diabolique. On le conduisit au tombeau de saint Evre, et ce pauvre clerc eut le bonheur de se trouver guéri. La date de ce miracle est fournie par l'épiscopat de saint Gauzelin, qui dura de l'an 922 à l'an 963, et qui fut continué par l'épiscopat de saint Gérard, de l'an 963 à l'an 994.

Une femme de Bicqueley, aux environs de Toul, nommée *Bova* ou *Bovée*, fut possédée aussi d'un démon cruel. Elle obtint son heureuse délivrance au tombeau de saint Evre.

Une autre femme du village de Cercueil, à deux lieues de Nancy, se trouva pareillement possédée du démon. Elle fit un pèlerinage au tombeau de saint Evre, et s'en revint guérie.

Un frénétique de Domgermain, près de Toul, et un insensé de Troussey-sur-Meuse, nommé Pascal, étaient devenus si furieux et si violents, qu'on ne pouvait plus les contenir, malgré les chaînes dont il fallait user pour essayer d'en venir à bout. On les conduisit l'un et l'autre au pied de l'autel de saint Evre, et ils recouvrèrent tous deux dans ce saint lieu l'usage paisible de leur raison ou leur normale tranquillité d'esprit.

En outre de ces miracles, qui firent grand bruit à leur époque, on en pourrait citer une quantité d'autres, plus ou moins pareils. Par exemple, on compterait par centaines les boiteux redressés, les malades guéris de maux désespérés, les infirmités de tout genre soulagées par le Saint. Le lecteur les devinera, sans qu'il soit nécessaire de lui en détailler la liste.

La dévotion envers saint Evre s'accrut toujours d'un siècle à l'autre, par la succession perpétuelle de ses miracles éclatants. Non-seulement les peuples accouraient avec ferveur à Toul, et venaient de très-loin se prosterner avec confiance devant les saintes Reliques du thaumaturge. Mais les princes mêmes témoignaient hautement leur respect pour saint Evre. Charles le Chauve, par exemple, fut très-désireux de se concilier sa protection ; et il le montra par toutes les donations dont il enrichit l'église Saint-Evre de Toul, dans une charte qui fut signée par lui en son palais impérial de Gondreville, et que l'on conservait jadis avec respect dans le Cartulaire de l'abbaye de Saint-Evre.

Avant la fin du xve siècle, la Ville-Vieille de Nancy vit s'élever dans son enceinte non loin du palais ducal, une église qui fut dédiée à saint Evre (1). Disons tout de suite, et sans entrer dans des détails dont ce n'est pas ici le lieu, que cette ancienne église, parvenue au point extrême de vétusté, a été démolie en 1860, pour faire place à une basilique moderne, dont les vastes dimensions, la belle architecture et le très-riche ameublement attirent les visiteurs de tous les points du monde et feront la gloire à tout jamais de l'incomparable curé Trouillet, l'auteur principal de cette merveille d'architecture chrétienne.

(1) Voir, sur ce monument, l'*Ancienne église Saint-Epvre à Nancy* (autrefois paroisse de la cour de Lorraine), notice archéologique et historique, par Louis Lallement, avocat à la cour ; Nancy, 1856 ; in-8°, avec une vue.

Les reliques de Saint Evre étaient pieusement conservées, depuis la mort du saint évêque en 507, dans l'église de l'abbaye Saint-Evre, à Toul. Elles y demeurèrent intactes, et religieusement respectées, tant sous les rois Mérovingiens, que sous les empereurs Carlovingiens. Mais, au commencement du Xe siècle, à l'approche formidable des *Danois* et des *Hongrois* qui venaient d'envahir la Lorraine ou l'ancienne Gaule-Belgique, les moines de l'abbaye sauvèrent la châsse de leur saint Patron ; et pour la mettre mieux en sûreté, ils la déposèrent dans l'église de saint Jean-Baptiste, laquelle était contiguë à la cathédrale de Toul et lui servait de baptistère. Quand le calme fut rétabli, l'évêque Drogon ou Dreux pensa devoir conserver le saint dépôt, sous prétexte qu'il serait à la fois plus utile aux fidèles et plus honorable même à la mémoire de saint Evre de le placer dans l'intérieur de sa cathédrale. Mais deux Religieux, dans le but de soustraire le reliquaire ou la châsse à la puissance du prélat qui en voulait priver leur communauté, le déposèrent de nuit dans une cachette sur l'emplacement de laquelle ils s'obstinèrent à garder le plus profond secret. L'on ne parvint à découvrir la cachette que soixante ans plus tard, sous l'épiscopat de saint Gérard. Mais, à ce moment, l'évêque de Toul remit les Reliques de saint Evre sous la garde filiale des Religieux de l'abbaye ; et il en fit solennellement la translation, le 17 mai 978.

En 1527, François de Stainville, abbé de Saint-Evre, obtint le consentement d'Hector d'Ailly, évêque de Toul, pour que les reliques du saint patron de son abbaye fussent transférées du coffre antique où elles reposaient, dans un nouveau reliquaire, beaucoup plus riche et plus digne de saint Evre.

En 1529, à la sollicitation de Louis de Savigny, abbé de Saint-Evre, le cardinal Charles de Lorraine, légat du Saint-Siège dans les Trois-Évêchés, fit l'ouverture de la nouvelle châsse de saint Evre ; et il exposa les reliques du Saint à la vénération d'une foule de fidèles de tout état, de toute condition, de tout rang social, accourus jusque de bien loin à cette auguste cérémonie.

En 1635, ces précieux restes du grand saint Evre furent l'objet d'une nouvelle tentative de soustraction frauduleuse. Mais l'entreprise échoua. Les ravisseurs furent surpris, et condamnés à l'exil ; et les reliques furent rendues à leurs possesseurs légitimes.

Plus tard, on accorda des fragments de ces reliques à plusieurs églises paroissiales, surtout à celles qui ont adopté saint Evre pour leur patron. De ce nombre furent l'église Saint-Evre de Nancy, les églises rurales d'Einville-au-Jard, de Houdreville, d'Etival en Vosges, de Trancault en Champagne, et d'autres églises où l'on fêtait plus particulièrement le culte de saint Evre. Il y avait en même temps des parcelles de reliques de sainte Aprône, sœur du saint évêque de Toul, dans ces paroisses privilégiées. Ce fut l'évêque saint Gérard qui ramena de Troyes à Toul les précieuses reliques de sainte Aprône, dont le corps tout entier lui fut concédé par l'évêque et les habitants de Troyes. Ce saint corps fut placé dans la cathédrale de Toul, pour servir de protection et de défense à la population touloise. Il fut enfermé dans une belle châsse d'argent, et toujours conservé religieusement jusqu'à l'époque de la Révolution de 1790. Il était honoré d'un culte particulier. La fête de sainte Aprône fut inscrite au 15 juillet, et son nom fut inséré dans les litanies publiques du diocèse de Toul.

En 1790, lors de la dispersion des ordres religieux, M. Parisot, alors curé de la paroisse Saint-Evre de Nancy, obtint de l'abbé et des religieux de l'abbaye bénédictine de Saint-Evre à Toul la concession du chef de saint Evre, protecteur commun de sa paroisse et de leur abbaye. Cette concession lui fut faite avec toutes les attestations nécessaires. En conséquence, le dimanche 5 novembre 1790, Mgr de la Fare, évêque de Nancy, introduisit solennellement cette précieuse relique dans le nouveau sanctuaire qui devait l'abriter. La translation se fit par une procession publique, où les fidèles assistèrent avec une touchante édification.

Pendant les mauvais jours du vandalisme révolutionnaire, le chef de saint Evre fut conservé par une providence toute spéciale. En effet, cette précieuse relique fut sauvée d'une façon presque miraculeuse, lors de la profanation et de la spoliation sacrilège du riche trésor de la paroisse Saint-Evre. Elle fut alors confiée en dépôt à des personnes fidèles, qui la conservèrent très-religieusement. Après que l'orage révolutionnaire fut passé, ces mêmes personnes restituèrent ce dépôt sacré ; elles s'empressèrent de le remettre entre les mains de M. Sanguiné, premier curé de la paroisse en vertu du Concordat de 1802. Ce respectable ecclésiastique, ainsi remis en possession du chef de saint Evre, en fit scrupuleusement la vérification ; ce qui eut lieu en présence de témoins probes et des anciens prêtres de la paroisse, qui en reconnurent l'identité.

Le procès-verbal, qui en fut dressé avec toutes les formes canoniques, fut confirmé par Mgr d'Osmond, évêque de Nancy, et revêtu de son sceau épiscopal. A cette époque, la relique fut renfermée dans une châsse nouvelle, que l'on plaça dans le fond du chœur de l'église, au-dessus et derrière le maître-autel. Cette châsse fut généreusement donnée par un paroissien, homme très-recommandable par sa piété exemplaire et par ses bonnes œuvres.

Depuis la restauration du culte en 1802, le chef de saint Evre a toujours été l'objet d'une vénération spéciale de la part des paroissiens du vieux Nancy. Après avoir été exposé, depuis les premières vêpres de la fête jusqu'au dernier jour de l'Octave, il est porté en procession, au chant des hymnes et des litanies composées en son honneur. Cette procession se faisait d'abord dans l'intérieur de l'église; mais, depuis 1854, elle se fait dans les principales rues de la paroisse, et avec toute la pompe dont elle est susceptible. Cette modification a eu lieu par l'initiative du respectable M. Simon, alors encore curé de la paroisse, et mort depuis, en grande réputation d'homme de Dieu et d'ami des pauvres.

On avait anciennement élevé une chapelle de Saint-Evre à Trancault, lieu de naissance de notre Saint. Cette chapelle fut ruinée, au seizième siècle, par les Huguenots, qui furent aussi de singuliers démolisseurs. Vers l'an 1620, elle fut relevée par le seigneur du lieu, nommé Bernard Angenoust. Cette chapelle existe encore de nos jours.

Plus tard, François le Camus ou des Caves fit revenir de Toul quelques morceaux des reliques de saint Evre. Elles arrivèrent à Trancault le quatrième dimanche de Carême ; et c'est la mémoire de cette translation que l'on célèbre dans ce pays, à la mi-carême. Ces reliques partielles ont disparu dans la tourmente révolutionnaire.

Nous écrivons ici le nom de *saint Evre,* en latin *Aper,* de la même manière qu'il est écrit par Dom Calmet et par Dom

Ceillier, deux hommes savants s'il en fut jamais. Cette orthographe est, d'ailleurs, la plus conforme à la prononciation vulgaire. D'autres auteurs ont préféré l'écrire différemment, par l'introduction parasite de quelques lettres, qui, d'après notre avis, n'ont aucune raison d'être. Mais que ce soit *saint Evre, saint Aper, saint Apre, saint Epvre,* ou même *saint Epbvre,* c'est une orthographe qui importe peu, sous toutes ses différentes variations. L'essentiel, c'est le mérite du Saint ; et sous ce rapport, il n'y a rien à discuter.

La vie de saint Evre peut être étudiée avec profit dans les sources suivantes :

1° *Thesaurus novus Anecdotorum* par les bénédictins D. Edmond Martène et D. Ursin Durand, Paris, 1717, 5 volumes in-folio. Le tome III de ce savant ouvrage contient, page 1027, les *Acta Tullensium Episcoporum,* où se trouve décrite la vie de saint Evre.

2° *Histoire ecclésiastique et politique de la ville et du diocèse de Toul,* par le R. P. Benoît Picard, capucin du couvent de Toul. Cet auteur, à cause de sa science et de sa critique, est l'un des historiens les plus estimés parmi tous ceux qui ont fait des recherches sur l'*Histoire de Lorraine.*

3° *Histoire ecclésiastique et civile de la Lorraine*, par le bénédictin D. Calmet, Nancy, 1728, 6 volumes in-folio. Le tome I, page 294, contient la vie de saint Evre. De plus, à la page 107, parmi les preuves de ce même tome, on trouve la pièce élégante intitulée *Vita sancti Apri ex M. S. sancti Mansueti,* sans compter les *Acta Tullensium Episcoporum* déjà publiés par les bénédictins Martène et Durand.

4° *Acta Sanctorum* par les Bollandistes, Anvers, 1643-1794, 53 volumes in-folio. Cette collection va jusqu'au 14 octobre : elle a été continuée depuis. La *Vie de saint Evre* s'y trouve marquée au 15 septembre.

5° *Histoire générale des Auteurs sacrés et ecclésiastiques,* par le bénédictin D. Remi Ceillier, Paris, 1729-1763, 24 volumes in-4°. Cet ouvrage est très-savant et très-précieux. Il a paru en 1858, chez Vivès, à

Paris, une édition compacte de tout l'ouvrage en 8 volumes in-8°.

6° *Office de saint Evre,* dans le bréviaire de Toul, au 15 septembre. Les leçons du Bréviaire, tirées des anciens historiens et des anciens monuments de l'Eglise de Toul, contiennent toute la substance de la vie de saint Evre.

7° *Les Petits Bollandistes, ou Vies des Saints,* par Mgr Paul Guérin.

8° *Histoire du diocèse de Toul et de celui de Nancy,* par M. l'abbé Guillaume.

9° *Vies des Saints du diocèse de Troyes,* par M. l'abbé Defer.

10° *Vie de saint Evre,* par M. l'abbé Elquin, Nancy, 1828.

11° *Saint Evre, septième évêque de Toul,* par le R. P. Chéry, Nancy, 1865.

12° *Panégyrique de saint Evre,* par Mgr Besson, évêque de Nîmes, Nancy, 1872.

III

CANTIQUES

EN L'HONNEUR DE SAINT EVRE

Cantique sur la Vie du Saint.

CHŒUR.

Ah ! grand Dieu, mettez sur ma lèvre
L'éloge du puissant Patron !
Je veux chanter, chanter saint Evre ;
Je veux rédire son doux nom !

1. Saint Evre avait en abondance
Tout ce que donne la naissance :
Car il était des premiers rangs.
D'abord, il eut de bons parents ;
Rien ne ternit son innocence :
Il fut saint déjà dès l'enfance ;
De bonne heure il fut généreux,
Sensible ami des malheureux.

Chœur : Ah ! grand Dieu, etc.

2. Enfant, se rendant à l'école,
Au pauvre il donnait son obole ;
Et même il donna bien souvent,
N'ayant plus rien, son vêtement.
Plein de bonté pour la misère,
Qui toujours fut grande sur terre,
Saint Evre avait des mots touchants
Qu'il prodiguait aux indigents.

Chœur : Ah ! grand Dieu, etc.

3. Riche et puissant par sa naissance,
Saint Evre eut le don d'éloquence.
Imitant saint Loup, saint Germain,
Il était, comme eux, tout romain !
Avec Sidoine Apollinaire,
Evre eut commerce épistolaire.
Salvien même avait pour lui
Le pieux respect d'un ami.

Chœur : Ah ! grand Dieu, etc.

4. Je vois saint Vincent, saint Hilaire,
Saint Honorat, Salone, Euchaire,
Tous les serviteurs du Très-Haut,
Vénérer le saint de Trancault.
Attila, l'homme redoutable,
Arrive en ce temps lamentable :
Partout s'avancent les malheurs
Et coulent des torrents de pleurs !

Chœur : Ah ! grand Dieu, etc.

5. Tous les orphelins de la guerre,
Tout un peuple dans la misère,
Saint Evre vient les soulager,
Vient les nourrir, les protéger !
Et mille voix reconnaissantes
Vers Dieu s'élèvent suppliantes,
Bénissant l'homme le meilleur,
Bénissant Evre et son grand cœur !

Chœur : Ah ! grand Dieu, etc.

6. Honorant la magistrature,
Brillant par sa littérature,
Saint Evre fut grand avocat,
Prit part même au professorat.
Sa voix vibrante et pathétique
Dans ses accents fut magnifique ;
Partout vanté, partout connu,
Son talent valait sa vertu.

Chœur : Ah ! grand Dieu, etc.

7. Mais la bonté fut sa devise.
Honneur à Toul, antique église,
D'avoir obtenu pour prélat
Ce grand homme entouré d'éclat !
Illustre autant que saint Auspice,
Il régna sous l'heureux auspice
De la vertu qu'avait saint Ours :
De son peuple il fit les amours !

Chœur : Ah ! grand Dieu, etc.

8. Et qui redira ses miracles ?
Qui nommera les tabernacles
Fondés par ses pieuses mains
Chez nos pères demi-germains ?
Chassant le Prince des ténèbres,
Par cent guérisons bien célèbres,
Le Saint montrait quel grand pouvoir
L'homme de Dieu peut seul avoir !

Chœur : Ah ! grand Dieu, etc.

9. Aux aveugles rendant la vue,
A des fous la raison perdue,
A des malades la santé,
Guérissant toute infirmité,
Saint Evre fut grand thaumaturge !
A notre siècle qui s'insurge,
Saint Evre, apportez donc toujours
Votre inépuisable secours !

Chœur : Ah ! grand Dieu, etc.

10. Venez bénir, sauver la France !
Venez nous rendre l'espérance !
Grand guérisseur des possédés,
A notre demande accédez !
Même aujourd'hui LE DÉMON RÈGNE :
Chassez-le de notre *Lorraigne* ;
Lui qui prétend usurper tout,
Venez, chassez-le de partout !

Chœur : Ah ! grand Dieu, etc.

11. Nancy montre la Basilique
Où l'orgueil d'un art magnifique
Se mire en son puissant effet :
C'est l'œuvre du curé Trouillet !
Saint Evre en a reçu l'hommage :
Ce temple dira, d'âge en âge,
Que, s'ils n'ont plus leurs souverains,
Leur foi pourtant reste aux Lorrains !

Chœur : Ah ! grand Dieu, etc.

12. A l'âge révolutionnaire,
Aux hommes de la nouvelle ère,
La grande ville de Nancy
Dit hautement : L'ON CROIT ICI !
N'est-ce point encore un miracle
Qui sort de ce beau tabernacle ?
Quel en est le puissant auteur ?
C'est saint Evre ! A lui donc honneur !

Chœur : Ah ! grand Dieu, etc.

Cantique tiré de la prose de l'office.

1. Jésus, de Dieu Fils unique,
Quel Pasteur vous choisissez !
De Toul sur le Siège antique,
C'est vous qui l'établissez !

2. Il joint à l'éclat du trône
La splendeur de la vertu.
Il semble porter couronne
A la façon d'un élu !

3. Avec quelle vigilance
Il est tout à ses brebis,
Ce Pasteur, cette espérance,
Ce trésor de nos pays !

4. Il ne tient pas aux richesses,
Il ne tient guère aux honneurs ;
Mais il a mille tendresses
Et veut être roi des cœurs !

5. Il va contre l'ignorance,
Partout semant les clartés !
Il combat la défaillance,
Il règne par ses bontés.

6. De tous il est le bon Père,
De tous il est le soutien ;
Et son peuple heureux prospère :
Dieu ne lui refuse rien.

7. Guide et Pasteur admirable,
Saint Evre, oh ! gardez toujours
Sous votre appui secourable
Ce troupeau des anciens jours !

8. Vous qui régnez dans la gloire
A l'abri des noirs enfers,
Complétez votre victoire
En venant briser nos fers !

Cantique tiré de l'hymne des vêpres.

1. Jésus, l'honneur du sacerdoce,
Etendez sur nous votre main ;
Et qu'aussi votre cœur exauce
La prière du genre humain !

2. Saint Evre était bien votre image
Et votre·doux représentant ;
Il imitait votre langage,
Qu'il allait partout répétant.

3. Il s'inspira de vos maximes,
Afin d'être aussi bon pasteur ;
Il montra des vertus sublimes,
Et fut notre ange conducteur.

4. Il cherchait la brebis errante,
En courant par monts et par vaux ;
Et cette course fatigante,
Il l'aimait pour ses durs travaux.

5. Pour défendre sa bergerie
Contre les attaques des loups,
Saint Evre aurait donné sa vie,
Et compté pour rien tous les coups.

6. Il vécut dans le sacrifice,
Tout pour Dieu, tout pour son troupeau.
Ce saint nous est toujours propice :
Il est glorieux au tombeau !

7. O Christ, ô Pontife suprême,
Vous seul êtes le bon Pasteur !
O sainte Trinité, que j'aime,
Régnez trois fois sur tout mon cœur !

Cantique
tiré de l'hymne de la procession.

1. Le Christ est à la tête
Du corps des saints pasteurs :
Pour ce grand jour de fête,
Présentons-lui nos cœurs.

2. Saint Evre à notre hommage
Peut prétendre à son tour :
Payons-lui, d'âge en âge,
Notre tribut d'amour !

3. Appelé d'En-Haut même
A nous prêcher la foi,
Il fait que chacun l'aime :
Il est Pontife et Roi !

4. Sous sa ferme houlette,
Heureux fut le troupeau :
Sous la dent de la bête
Ne tomba nul agneau.

5. Toujours dans la prière,
Toujours dans les travaux,
Saint Evre, excellent Père,
Se privait du repos.

6. Il fallait bien des luttes
Pour maintenir les forts ;
Et pour parer aux chutes
Il fallait mille efforts !

7. Saint Evre, nos prières
Vous invoquent toujours !
Et vous, Dieu des lumières,
Acceptez nos amours

Cantique sur les Saints du ciel.

1. Chantons les combats et la gloire
Des saints, nos illustres aïeux :
Ils ont remporté la victoire,
Ils sont couronnés dans les cieux.
Il n'est plus pour eux de tristesse,
Plus de soupirs, plus de douleurs ;
Ils moissonnent dans l'allégresse
Ce qu'ils ont semé dans les pleurs.

2. Objets des tendres complaisances
De l'Eternel, du Tout-Puissant,
Ses grandeurs sont leurs récompenses,
Son amour est leur aliment.
Ce divin Soleil de justice
Toujours échauffe et toujours luit,
Sans que jamais il s'obscurcisse ;
C'est dans le ciel un jour sans nuit.

3. Là, d'une splendeur éternelle
Brillent les martyrs triomphants,
Et dans une gloire immortelle
Règnent les confesseurs constants ;
Les vierges offrent leurs couronnes,
Les époux leur fidélité ;
Le riche montre ses aumônes,
Et le pauvre sa piété.

4. Là, d'une charité parfaite
Tous les bienheureux sont unis ;
De cette paisible retraite
Tous les envieux sont bannis.
Il n'est plus de sollicitude
Qui trouble leur félicité ;
Ils sont dans une quiétude
Qui remplira l'éternité.

5. Grands saints, vous êtes nos modèles ;
Nous serons vos imitateurs.
Nous voulons vous être fidèles :
Daignez être nos protecteurs !
Puissions-nous, marchant sur vos traces,
Etre toujours à Dieu soumis !
Sollicitez pour nous ses grâces,
Puisque vous êtes ses amis !

6. Vous habitez votre patrie,
Et nous errons comme étrangers ;
Votre sort est digne d'envie,
Et le nôtre plein de dangers.
Vous fûtes tout ce que nous sommes,
Au mal exposés comme nous :
Demandez au Sauveur des hommes
Qu'un jour nous régnions avec vous !

7. Mais vous surtout, puissant saint Evre,
Toujours si bon, toujours si doux,

De nos esprits ôtez la fièvre,
De nos cœurs les instincts jaloux !
Enseignez-nous la pénitence,
A nous, si mous et sensuels !
Faites-nous trouver l'innocence
Qui mène aux parvis éternels !

IV

LITANIES DE SAINT EVRE

RECOMMANDÉES

POUR LE JOUR DE SA FÊTE
ET POUR CHAQUE JOUR DE SON OCTAVE

Seigneur, ayez pitié de nous.	Kyrie eleison.
Jésus-Christ, ayez pitié de nous.	Christe eleison.
Seigneur, ayez pitié de nous.	Kyrie eleison.
Jésus-Christ, écoutez-nous.	Christe, audi nos.
Jésus-Christ, exaucez-nous.	Christe, exaudi nos.
Père céleste, qui êtes Dieu, ayez pitié de nous.	Pater de cœlis Deus, miserere nobis.
Fils, Rédempteur du monde, ayez pitié de nous.	Fili, Redemptor mundi, Deus, miserere nobis.
Esprit-Saint, qui êtes Dieu, ayez pitié de nous.	Spiritus Sancte Deus, miserere nobis.
Trinité sainte, qui êtes un seul Dieu, ayez pitié de nous.	Sancta Trinitas, unus Deus, miserere nobis.
Sainte Marie, Mère de Dieu, priez pour nous.	Sancta Maria, mater Dei, ora pro nobis.
Saint Evre, comblé des bénédictions célestes,	Sancte Aper, Dei benedictionibus donate,

4*

S. Aper, Spiritu Sancto replete, ora pro nobis.	S. Evre, rempli de l'Esprit de Dieu, priez pour nous.
S. Aper, decus et ornamentum juventutis,	S. Evre, l'honneur et l'ornement de la jeunesse,
S. Aper, candore, modestia et pietate insignis,	S. Evre, remarquable par la candeur, la modestie et la piété,
S. Aper, deliciarum mundi generose contemptor,	S. Evre, courageux contempteur des délices profanes du monde,
S. Aper, virtutibus ornatissime,	S. Evre, orné de toutes les vertus,
S. Aper, mirificentissimum exemplar nostrum,	S. Evre, notre modèle le plus accompli en toutes choses,
S. Aper, caritatis cultor admirabilis,	S. Evre, admirable par la pratique des œuvres de charité,
S. Aper, Pater pauperum generosissime,	S. Evre, tendre père des pauvres,
S. Aper, compatiens sponsus viduarum,	S. Evre, époux compatissant des veuves,
S. Aper, magnanimis orphanorum adjutor,	S. Evre, soutien généreux des orphelins,
S. Aper, salutis animarum studio ardentissime,	S. Evre, tout brûlant du désir d'opérer le salut des âmes,
S. Aper, Pontificum honor et gloria,	S. Evre, l'honneur et la gloire des Pontifes,
S. Aper, qui fuisti in Ecclesia cum patribus nostris,	S. Evre, qui avez été le Pasteur de nos pères,

S. Evre, qui avez agi en toutes choses comme un vrai ministre de Dieu, priez pour nous.	S. Aper, qui te sicut Dei ministrum exhibuisti, ora pro nobis.
S. Evre, qui avez exterminé les abominations de l'impiété,	S. Aper, qui tulisti abominationes impietatis,
S. Evre, qui avez affermi la piété, en combattant les vices,	S. Aper, qui in diebus peccatorum corroborasti pietatem.
S. Evre, qui avez élevé des temples au Seigneur, et réparé ceux qui tombaient en ruine,	S. Aper, templorum ædificator atque reparator,
S. Evre, qui, comme un bon pasteur, avez si souvent exposé votre vie pour vos brebis,	S. Aper, qui pro ovibus tuis multoties vitæ periculum, ut pastor bone, adiisti,
S. Evre, le refuge et le salut de ceux qui vous invoquent avec confiance,	S. Aper, ad te confidenter clamantium refugium et salus,
S. Evre, libérateur très-clément des prisonniers,	S. Aper, captivorum liberator clementissime,
S. Evre, notre Patron bien-aimé,	S. Aper, Patrone noster carissime,
S. Evre, notre Protecteur très-secourable,	S. Aper, Protector noster expeditissime,
S. Evre, qui régnez maintenant avec Jésus-Christ dans les cieux,	S. Aper, nunc cum Christo in cœlis regnator,
S. Evre, qui êtes très-puissant dans la céleste Jérusalem,	S. Aper, in cœlesti Jerusalem potentissime,

Agnus Dei, qui tollis peccata mundi, parce nobis, Domine,	Agneau de Dieu, qui effacez les péchés du monde, pardonnez-nous, Seigneur.
Agnus Dei, qui tollis peccata mundi, exaudi nos, Domine.	Agneau de Dieu, qui effacez les péchés du monde, exaucez-nous, Seigneur.
Agnus Dei, qui tollis peccata mundi, miserere nobis, Domine.	Agneau de Dieu, qui effacez les péchés du monde, ayez pitié de nous, Seigneur.
Christe, audi nos.	Jésus-Christ, écoutez-nous.
Christe, exaudi nos.	Jésus-Christ, exaucez-nous.
℣ Ora pro nobis, sancte Aper;	℣ Priez pour nous, ô Saint Evre;
℟ Ut digni efficiamur promissionibus Christi.	℟ Afin que nous soyons dignes des promesses de Jésus-Christ.
Oremus.	*Prions.*
Deus, fidelium lumen et pastor animarum, qui beatum Aprum Episcopum in Ecclesia, vocatione sancta, constituisti, ut patres nostros verbo vitæ æternæ pasceret, et in via salutis informaret exemplo, quique eum nobis Patronum dedisti, da nobis ejus intercessione, et fidem servare	O Dieu ! lumière et pasteur des âmes fidèles, qui, par une vocation sainte, avez établi le bienheureux Evre Pontife dans votre Eglise, afin de nourrir nos pères des paroles de la vie éternelle, et de les diriger dans la voie du salut par ses exemples; nous l'ayant donné pour Patron, accordez-nous, par son intercession, la grâce de conserver le précieux trésor de la Foi

qu'il nous a communiquée par ses prédications, et de marcher dans les sentiers qu'il nous a tracés par ses exemples ; par Jésus-Christ Notre-Seigneur, etc.

quam verbo docuit, et viam sequi quam exemplo monstravit : Per Dominum nostrum, etc.

V

PRIÈRE A SAINT EVRE

RECOMMANDÉE POUR L'USAGE

DES PAROISSES DONT IL EST LE PATRON

Les personnes de piété se font un devoir religieux de prier pour les Eglises, en même temps qu'elles honorent les Saints qui en sont les Patrons et les Protecteurs; imitez cette édifiante pratique.

O grand Saint, que l'Eglise nous a donné pour Patron et pour protecteur spécial auprès de Dieu, du haut du Ciel, où vous jouissez de la récompense de vos travaux et de vos mérites, abaissez vos regards de complaisance sur cette Paroisse qui vous est dévouée, et qui réclame avec confiance votre puissante intercession. Daignez être notre Ange tutélaire et notre guide fidèle dans les voies du salut. Affermissez nos pas dans les sentiers de la justice. Obtenez-nous les grâces dont nous avons besoin pour imiter les belles vertus dont vous nous avez laissé de si touchants exemples, votre foi, votre amour pour Dieu, votre ferveur dans son service, votre charité pour les pauvres, votre zèle pour la gloire du Seigneur. Apprenez-nous à nous défier de nous-mêmes et de nos propres forces, à nous relever de nos chutes avec humilité, à quitter sans délai les occasions de péché et d'affaiblissement, à pleurer nos infidélités avec les larmes d'une véritable douleur. Faites que nous éprouvions sans cesse les effets de votre assistance propice, afin qu'après vous avoir honoré sur la terre, nous puissions jouir du bonheur de partager votre éternelle félicité dans le sein de Dieu. Ainsi soit-il.

VI

OFFICE DE SAINT EVRE

15 SEPTEMBRE

A LA MESSE

INTROIT

Ecclesiæ factus sum ego minister secundum dispensationem Dei, quæ data est mihi in vos, ut impleam Verbum Dei.

Ps. Attendite, popule meus, legem meam : * inclinate aurem vestram in verba oris mei.

Gloria Patri, etc.

J'ai été établi ministre de l'Eglise, selon la charge que Dieu m'a donnée pour l'exercer envers vous, afin que je m'acquitte du ministère de la parole de Dieu.

Ps. Mon peuple, écoutez ma loi, prêtez l'oreille aux paroles de ma bouche.

Gloire au Père, etc.

COLLECTE

Oremus.

Deus, qui beati Apri Pontificis tui meritis

Prions.

O Dieu! qui agréez les mérites et les prières de saint

Evre, votre Pontife, faites-nous la grâce d'être fortifiés par ses prières ; nous vous en supplions par Notre-Seigneur Jésus-Christ, etc.

delectaris et precibus : tribue, quæsumus, ejus nos meritis refoveri, ac precibus adjuvari ; Per Dominum etc.

ÉPITRE

Lecture de l'Epître de saint Paul aux Corinthiens.

Mes Frères ; ce qui fait notre gloire, c'est le témoignage que nous rend notre conscience, de nous être conduits en ce monde, et surtout à votre égard, avec la simplicité du cœur et la sincérité de Dieu, non avec la sagesse de la chair, mais avec la grâce de Dieu. Je ne vous écris que des choses dont vous connaissez la vérité en les lisant. J'espère qu'à l'avenir vous connaîtrez entièrement, ainsi que vous l'avez déjà reconnu en partie, que nous sommes votre gloire, comme vous serez aussi la nôtre au jour de Notre-Seigneur Jésus-Christ.

Lectio Epistolæ beati Pauli Apostoli ad Corinthios.

Fratres ; gloria nostra hæc est, testimonium conscientiæ nostræ, quod in simplicitate cordis et sinceritate Dei, et non in sapientia carnali, sed in gratia Dei, conversati sumus in hoc mundo, abundantius autem ad vos. Non enim alia scribimus vobis, quam quæ legistis et cognovistis. Spero autem quod usque in finem cognoscetis, sicut et cognovistis nos ex parte, quod gloria vestra sumus, sicut et vos nostra in die Domini nostri Jesu Christi.

Alleluia. Alleluia. C'est lui qui a été le pasteur de nos

Alleluia. Alleluia. Hic est qui fecit in

Ecclesia cum patribus nostris; qui accepit verba vitæ dare nobis.	pères, et qui a reçu les paroles de vie pour nous les donner.

PROSE

Deus, Patris unice, Quem plebi Christigenæ Sufficis Antistitem !	Divin Sauveur, Fils unique du Père, quel Pontife vous accordez, dans votre bonté, au peuple racheté de votre sang!
Minus fulget solio, Quam virtutis radio, Terris agens cœlitem.	Il brille moins par la splendeur du trône sur lequel il est assis, que par l'éclat de ses vertus et par la pureté de sa vie toute céleste.
Quanta vigilantia Rexit hic ovilia ! Quam libens se tradidit !	Avec quelle vigilance active il conduit ses ouailles ! avec quelle généreuse tendresse il se sacrifie pour leur salut !
Non gaudet honoribus ; Non ditescit opibus ; Larga manu dividit.	Quel souverain mépris il montre pour les vains honneurs ! Loin d'augmenter ses richesses au sein de l'opulence, il distribue ses biens aux pauvres avec une sainte prodigalité.
Jubar caligantibus, Columen labantibus, Egenis subsidium.	Il instruit avec zèle les ignorants, il soutient avec bonté les faibles, il assiste avec tendresse les indigents.
Cunctis pater providus, Sponsæ custos servidus,	Comme un bon père, il pourvoit à tous les besoins; il brûle du zèle le plus ardent pour conserver la pureté

de l'Eglise son épouse, et défendre ses droits.

O saint Pontife ! daignez prendre encore soin de nous qui sommes vos brebis, et corrigez celles qui s'écartent des voies que vous leur avez tracées.

Affranchi de toutes les misères de cette vie, et en possession du bonheur suprême, ne nous abandonnez point sur cette terre d'exil. Ainsi soit-il.

Fit et patrocinium.

Oves adhuc dirige,
Et peccantes corrige,
Pastor admirabilis.

Ne nos infra deseras,
Sedes qui nunc superas
Ruptis intras vinculis.
Amen.

ÉVANGILE

Lecture du saint Evangile selon saint Luc.

En ce temps-là, le Seigneur dit à Pierre : Quel est, à votre avis, l'économe fidèle et prudent, que le Maître établit sur sa famille pour donner dans le temps à chacun sa juste quantité de blé ? Heureux ce serviteur, si son Maître, en arrivant, le trouve faisant son devoir ! Je vous le dis en vérité, qu'il lui donnera l'administration de tous les biens qu'il possède.

Sequentia sancti Evangelii secundum Lucam.

In illo tempore, dixit Dominus Petro : Quis, putas, est fidelis dispensator et prudens quem constituit Dominus supra familiam suam, ut det illis in tempore tritici mensuram ? Beatus ille servus, quem cum venerit Dominus invenerit ita facientem ! Vere dico vobis, quoniam supra omnia quæ possidet constituet illum.

OFFERTOIRE

In cunctis orationibus meis, pro omnibus vobis deprecationem faciens, eo quod habeam vos in corde ; hoc oro, ut caritas vestra magis ac magis abundet.

Je ne fais jamais de prières que je ne prie pour vous tous, parce que je vous porte dans mon cœur ; ce que je demande à Dieu, c'est que votre charité croisse de plus en plus.

SECRÈTE

Per hostias, quas tibi frequenter pro nobis obtulit sanctus Pontifex tuus Aper, te supplices exoramus, Domine, ut quod nostris meritis non valemus, ejus patrocinio assequamur ; Per Dominum, etc.

Nous vous supplions, Seigneur, par ces hosties que votre Pontife saint Evre vous a souvent offertes pour nous, de nous accorder, par son intercession, ce que nous ne pouvons obtenir par nos mérites. Par Notre-Seigneur Jésus-Christ, etc.

COMMUNION

Nunc vivimus, si vos statis in Domino : quam enim gratiarum actionem possumus Deo retribuere pro vobis in omni gaudio, quo gaudemus propter vos ante Deum.

Nous vivons maintenant, si vous demeurez fermes dans le Seigneur. En effet, quelles actions de grâces pouvons-nous rendre à Dieu pour la joie que nous ressentons devant lui à cause de vous ?

POSTCOMMUNION

Après avoir achevé la célébration des sacrés mystères en cette fête de notre pasteur saint Evre, accordez-nous, Seigneur, d'avoir pour avocat auprès de votre miséricorde celui que vous nous avez donné, par votre grâce, pour ministre de notre salut éternel. Par Notre-Seigneur Jésus-Christ, etc.

Sancti Pastoris nostri Apri solemnia peractis celebrantes sacrificiis; te, Domine, suppliciter obsecramus, ut ipsum apud tuam clementiam sentiamus habere Patronum, quem nobis tua gratia providisti salutis æternæ ministrum. Per Dominum, etc.

AUX IIes VÊPRES

Les quatre premiers psaumes du dimanche, et, pour le cinquième, le psaume 116 : Laudate Dominum, omnes gentes, etc.

ANTIENNES

Il est ce serviteur fidèle et prudent, que le Seigneur a établi sur tous ses serviteurs.

C'est lui qui a été le Pasteur de nos pères; et qui a reçu les paroles de vie pour nous les donner.

Fidelis servus et prudens, quem constituit Dominus super familiam suam.

Hic est qui fuit in Ecclesia cum patribus nostris : qui accepit verba vitæ dare nobis.

Eruditus erat omni sapientia, et erat potens in verbis et in operibus suis.	Il était instruit en toute sorte de sagesse, et il était puissant en paroles et en bonnes œuvres.
Induit eum Dominus stolam gloriæ, et coronavit eum in vasis virtutis.	Le Seigneur l'a revêtu d'une robe de gloire, et il l'a couronné avec un appareil plein de majesté.
Euge, serve bone et fidelis, intra in gaudium Domini tui.	O bon et fidèle serviteur, entrez dans la joie de votre Seigneur.

CAPITULE

Imitatores mei estote, sicut et ego Christi. Laudo autem vos, fratres, quod per omnia mei memores estis. Deo gratias.	Soyez mes imitateurs, comme je le suis moi-même de Jésus-Christ; je vous loue, mes frères, de ce que vous vous souvenez de moi en toutes choses. Grâces à Dieu.

HYMNE

Jesu, Sacerdotum decus, In hac die, qua gloria Sanctum coronas præsulem, Votis adesto supplicum.	O Jésus, qui êtes la gloire de vos ministres, et qui couronnez en ce jour le saint Pontife dont nous célébrons la fête, daignez recevoir favorablement les prières que nous vous offrons.
Sui probatus præmium Amoris, et pignus tui,	Ce saint Pasteur, après une longue épreuve que vous fîtes de sa charité, reçut de vous, comme le

gage de votre amour pour lui, et comme la récompense de celui dont il brûlait pour vous, le soin de paître le troupeau que votre Père vous a confié.

A Patre traditos sibi
Accepit agnos pascere.

Il connaît ses brebis; il marche devant elles pour les encourager et les défendre; il les conduit dans d'excellents pâturages en les nourrissant des vérités saintes de la Religion; ses brebis l'écoutent, le suivent et reçoivent la vie.

Hos novit, et præit vocans
In tuta quemque pascua,
Victumque præbet, audiunt,
Sequuntur, et vivunt oves.

S'il en voit quelqu'une s'égarer, il la cherche jour et nuit, et lorsqu'il l'a retrouvée, il la met sur ses épaules avec joie, et la reporte au bercail.

Quam sentit errantem jugis,
Hanc nocte quærit ac die,
Et gaudet inventam suo
Portans ovili reddere.

Il écarte par son courage les bêtes cruelles qui cherchent à dévorer le troupeau : il résiste à la fureur des loups ravissants, il en déconcerte les ruses, prêt à donner sa vie même pour ses chères brebis.

Arcet frementes bestias;
Lupi retundit impetus,
Dolosque fallit, vel mori
Caro paratus pro grege.

Prêtre et hostie tout ensemble, il ne cesse d'offrir à Dieu le sang adorable du Pasteur des Pasteurs, et de s'immoler soi-même pour

Offert frequentem victimam
Pro plebe Pastor innocens,

Secumque devotum gregem Pius Sacerdos immolat.	lui avec tout son troupeau.
Supreme, Christe, Pontifex, Jugis tibi sit gloria, Cum Patre, cumque Spiritu, In sempiterna sæcula. Amen.	Gloire vous soit rendue, ô Jésus, qui êtes le bon Pasteur par excellence, qu'elle soit aussi rendue au Père et au Saint-Esprit dans tous les siècles des siècles. Ainsi soit-il.
℣. Dabis eum in benedictionem : ℟. In sæculum sæculi.	℣. Vos bénédictions s'étendront sur lui : ℟. De siècle en siècle.

A MAGNIFICAT

Non recedet memoria ejus, et nomen ejus a generatione in generationem.	Sa mémoire ne s'effacera pas de l'esprit des hommes, et son nom sera honoré dans tous les siècles.

A LA PROCESSION

HYMNE

Christe, pastorum caput atque princeps, Præsulis nostri vene-	Nous nous assemblons dans vos temples, ô Jésus, qui êtes le Chef et le Prince des Pasteurs ; nous venons vous

y rendre grâces des dons excellents que vous avez accordés au Pontife dont nous célébrons la Fête.

rata lucem
Debitis supplex tua templa votis
Turba frequentat.

Ce ne fut ni par vaine gloire, ni de son propre mouvement, qu'il monta sur le trône où il fut élevé : mais il accepta cet honneur par obéissance et pour ne pas résister à l'ordre céleste qui l'y appelait.

Ille non vano renuit tremendam
Spiritu sedem, proprio nec ausu :
Sed sacrum jussus, Domino vocante,
Sumpsit honorem.

Il y parut comme un rempart impénétrable, et comme un chef invincible dans le combat, parce que votre esprit, ô mon Dieu, répandit abondamment sur lui son onction, en lui confiant vos brebis.

Strenuum bello pugilem superni
Chrismatis pleno tuus unxit intus
Spiritus cornu : posuitque sanctam
Pascere gentem.

Il fut tout à la fois le Pasteur, le père et le modèle du troupeau ; il donna ses biens avec joie, et il se donna lui-même tout entier : accablé de soins et de travaux, il se regarda comme le serviteur de ses frères, et se fit tout à tous, pour les gagner tous à Jésus-Christ.

Fit gregis Pastor, pater atque forma ;
Lætus impendit sua, seque ; servus
Omnium, curis gravis, omnibusque
Omnia factus.

Il ne cessait de prier pour les pécheurs, de consoler les affligés et de relever ceux qui avaient fait des chutes funestes ; il dissipa les té-

Pro reis orat, reficit gementes,
Erigit lapsos, tenebrasque pellit,
Fit potens verbo, do-

cet alta, pravum
Conterit hostem.

nèbres de l'ignorance ; il fut puissant en paroles, et par les vérités saintes qu'il annonçait, il confondit l'esprit d'erreur, et mit en fuite les ennemis du salut.

Fac ut illius precibus juvemur,
Christe, fac Patrem pariterque tecum
Spiritum jugi celebremus hymno
Omne per ævum.

Faites, ô Jésus, que nous soyons aidés par les prières de ce saint Pontife, et que nous vous honorions dans l'éternité avec le Père et le Saint-Esprit, par des actions de grâces proportionnées à vos bienfaits.

Amen.

Ainsi soit-il.

VII

CHRONOLOGIE DES ÉVÊQUES

DE TOUL

1. S. Mansuy, an 47 (fête le 15 juin).
2. S. Amon, an 94 (fête le 23 octobre).
3. S. Alchas, vers 130 (fête le 28 septembre).
4. S. Elie, vers 180 (fête le 28 mars).

Interruption dans la série des Evêques, causée par les persécutions.

5. S. Eucaire, 360 (fête le 16 octobre).
6. S. Celsin, 400 (fète le 20 mai).
7. S. Auspice, 450 (fête le 8 juillet).
8. S. Ours, 488 (fète le 1er mars).
9. S. Evre, 500 (fête le 15 septembre).
10. S. Albaud 507 (fête le 1er mars).
11. Théodoric, 523.
12. Dulcitius, 531.
13. Alodius, 549.
14. Prémon, 560.
15. Antimonde, 580.
16. Endulus, 600.

17. Teudefride, 622.
18. Eborin, 653.
19. S. Leudin Bodon, 667 (fête le 4 septembre).
20. Adéodat, 674.
21. Ermenthée, 680.
22. Magnalde, vers 690.
23. Dodon, vers 700.
24. Garibalde, 707.
25. Godon, 735.
26. S. Jacob, 756 (fête le 23 juin).
27. Bornon, 765.
28. Hiéronimus, 800.
29. Frotaire, 813.
30. Arnould, 847.
31. Arnalde, 872.
32. Ludelme, 895.
33. Drogon, 907,
34. S. Gauzelin, 922 (fête le 31 août).
35. S. Gérard, 963 (fête le 23 avril).
36. Etienne, 994.
37. Robert, 995.
38. Bertholde, 996.
39. Herman, 1020.
40. S. Brunon ou Léon IX, 1026 (fête le 19 avril).
41. Odon, 1052.
42. Pibon, 1070.
43. Riquin de Commercy, 1108.
44. Henri de Lorraine, 1127.
45. Pierre de Brixey, 1168.
46. Eudes de Vaudémont, 1193.

47. Mathieu de Lorraine, 1198.
48. S. Renaud de Senlis, 1210 (fête le 1er avril).
49. Gérard de Vaudémont, 1218.
50. Eudes de Sorcy, 1219.
51. Garin, 1229.
52. Roger d'Ostenge de Marcey, 1230.
53. Gilles de Sorcy, 1253.
34. Conrad Probus, 1280.
55. Jean de Sierck, 1297.
56. Guy de Pernes, 1305.
57. Othon de Granson, 1306.
58. Eudes de Colonne, 1308.
59. Jean d'Arzilières, 1309,
60. Amédée de Genève, 1321.
61. Thomas de Bourlémont, 1330.
62. Bertrand de la Tour d'Auvergne, 1353.
63. Pierre de la Barrière, 1361.
64. Jean de Heu, 1363.
65. Jean de Neufchâtel, 1373.
66. Savin de Florence, 1384.
67. Philippe de Ville, 1499.
68. Henri de Ville, 1409.
69. Louis de Haraucourt, 1437.
70. Guillaume Filâtre, 1449.
71. Jean de Chevrot, 1460.
72. Antoine de Neufchâtel, 1460.
73. Olry de Blâmont, 1495.
74. Hugues des Hazards, 1506.
75. Jean de Lorraine, 1517.
76. Hector d'Ailly, 1524.

77. Antoine de Pélegrin, 1537.
78. Toussaint de Hocédy, 1543.
79. Pierre du Châtelet, 1563.
80. Charles de Vaudémont, 1580.
81. Christophe de la Vallée, 1587.
82. Jean des Porcelets de Maillane, 1608.
83. Nicolas-François de Lorraine, 1624.
84. Charles-Chrétien de Gournay, 1634.
85. Paul de Fiesque, 1641.
86. Jacques Le Bret, 1645.
87. André du Saussay, 1657.
87. Jacques de Fieux, 1677.
89. Henry de Thiard de Bissy, 1687.
90. François Bloüet de Camilly, 1704.
91. Scipion-Jérôme Bégon, 1721.
92. Claude Drouas, 1754.
93. Xavier de Champorcin, 1774.

Les Evêques de Nancy ont continué, à partir de 1790, la liste des Evêques de Toul. Mgr Foulon est déjà le neuvième évêque de Nancy.

TABLE DES MATIÈRES

Bar-le-Duc — Typ. des Célestins — Bertrand

www.ingramcontent.com/pod-product-compliance
Ingram Content Group UK Ltd.
Pitfield, Milton Keynes, MK11 3LW, UK
UKHW020936180726
13838UKWH00002B/983

9 782329 451428